AF371223

INCLISH EXHIBITION

COMÉDIE-VAUDEVILLE EN DEUX ACTES

Par MM. É. GRANGÉ, Th. BARRIÈRE et DECOURCELLE

Représentée pour la première fois, à Paris, sur le théâtre de la MONTANSIER,
le 12 juillet 1851.

PRIX : 60 CENTIMES.

Paris

BECK, LIBRAIRE

RUE DES GRANDS-AUGUSTINS, 20

TRESSE, successeur de J.-N. BARBA, Palais-National.

1851

ENGLISH EXHIBITION

COMÉDIE-VAUDEVILLE EN DEUX ACTES,

Par MM. É. GRANGÉ, Th. BARRIÈRE et DECOURCELLE,

Représentée pour la première fois, à Paris, sur le théâtre de la MONTANSIER,
le 12 Juillet 1851.

PERSONNAGES.	ACTEURS.
OSCAR COLOMBIER, peintre français.....................	MM. HYACINTHE.
ANTOINE COLOMBIER, son oncle, riche nabab.............	L'HÉRITIER.
ROBINSON PUDDING, hôtelier anglais....................	AMANT.
JONATHAS PUDDING, constable..........................	KALEKAIRE.
EVELINA, femme de Robinson............................	Mme THIERRET.
BETTY, sa servante...................................	Mlles GALLOIS.
FANNY, fille de Jonathas et nièce de Robinson.............	CHAUVIÈRE.
UN EXPOSANT...	MM. MASSON.
UN AMÉRICAIN.......................................	FERDINAND.

ACTE PREMIER.

Une taverne. — Gauche : porte, premier plan, cheminée, deuxième plan, porte au troisième plan. — Fond : un buffet, à droite, porte, armoire, à gauche. — Droite : porte, premier plan, une table, deuxième plan; chaises, fauteuils, etc.

SCÈNE PREMIÈRE.

ROBINSON, BETTY, VOYAGEURS, puis L'AMÉRICAIN, avec des bagages.

(Betty range des bouteilles sur le buffet. Les voyageurs sont en scène au lever du rideau (1).

CHŒUR.

Air des Nonnes (Domino noir).

Un logement,
Vite un appartement !
Car nous sommes rendus,
Harassés et moulus ;
Allons, dépêchez-vous,
Allons, répondez-nous,
Qu'avez-vous a manger?
Où peut-on se loger ?
Mais, viendra t-on ?
Quoi, dans cette maison,
Nous ne rencontrerons
Ni maîtres, ni garçons,
Lorsque nous appelons,
Lorsqu'ici nous venons,

Pour l'exposition !
Cela n'a pas de nom !
(Pendant cet ensemble Robinson et Betty n'ont pas donné signe de vie.)

L'AMÉRICAIN, sortant du groupe. Ah çà, Monsieur, vous n'avez pas l'air de nous comprendre... nous venons...

TOUS. Pour l'exposition.

ROBINSON. Oui, Messieurs.

L'AMÉRICAIN. Je suis négociant à Boston.

ROBINSON. Belle ville, Monsieur ; j'y joue tous les soirs avec mon frère le constable.

L'AMÉRICAIN. Monsieur, je voudrais un lit.

TOUS. Et nous aussi !

ROBINSON. Tiens! j'allais vous en demander un.

L'AMÉRICAIN. Vous n'en avez donc plus?

ROBINSON. Non, Monsieur.

L'AMÉRICAIN. Le vôtre?

ROBINSON. Il est loué à seize personnes... quatre par matelas.

L'AMÉRICAIN. C'est fâcheux... car j'aurais loué un lit cinq livres par jour.

ROBINSON. Cinq livres sterling?

L'AMÉRICAIN. Sept, s'il l'eût fallu !

ROBINSON. Sept !

1 R. l'A. B., au fond.

l'américain. Dix, pour en finir !

robinson. Dix !.. Je n'hésite plus ! Revenez ce soir, je ferai, d'ici là, des efforts gigantesques pour trouver votre affaire.

tous. Et nous ? Et nous ?

robinson. Je ne puis vous loger ; mais je vais vous indiquer un endroit où vous serez fort bien...

tous, *avec joie.* Ah ! .

robinson. Vous trouverez là du blé, du miel, du safran, d'excellents pâturages et un grand esprit d'indépendance.

tous. Et cet endroit ?

robinson. C'est l'Irlande !..

LES VOYAGEURS.

Reprise de la moitié de l'air d'entrée.

Eh quoi ! vraiment,
Quoi, pas de logement,
Pas même d'aliments,
Ah ! pour nous, quels tourments !
Lorsque nous accourons,
Lorsqu'ici nous venons,
  Pour l'exposition !
  Cela n'a pas de nom !

(Ils sortent furieux.)

SCÈNE II.

ROBINSON, BETTY (1).

robinson. Betty, comment trouves-tu que j'aie reçu ces nobles étrangers ?

betty. Dame ! Monsieur...

robinson. Est-ce ma faute si ma maison est encombrée du faîte à la base, et de la base au sommet ? — A propos, j'ai loué ton lit.

betty, *descendant.* Mon lit !.. Eh bien, et moi, comment ferai-je donc pour me coucher ?

robinson. Oh ! j'ai tout prévu... tu ne te coucheras pas ! mais tu verras lever l'aurore.

betty. C'est bien agréable.

robinson. Les gens vertueux le disent, — mais il ne s'agit pas de ça : — es-tu allée au marché ?

betty. Oui, Monsieur.

robinson. Et mon Turc ? as-tu préparé son infusion de dattes et de grenades ?

betty. Je n'en ai pas trouvé, Monsieur ; mais je lui ai fait une petite limonade, moitié groseille, moitié jus de pruneaux, dont je crois qu'il sera content.

robinson. Fort bien. Ah ! il y a aussi le Javanais dont je te recommande le badek. — Badek veut dire boisson ; retiens bien ceci. — Le badek se fait avec du riz bouilli (en javanais : Ketang.) On sucre ça avec des oignons et du poivre noir. — Il paraît que c'est fort désagréable ; mais .. ah ! je

voulais te dire aussi... quoi donc ?.. je l'ai oublié... et ça ne m'étonne pas.

Air : J'ai vu le Parnasse des Dames.

Je crains que la têt' ne me parte ;
Depuis huit jours de l'univers,
Londres, ma chère, offre la carte...
Et c'est pour ça que je la perds.
Ici des plus lointains rivages,
On accourt !.. c'est au point, dit-on,
Que l'on a vu dans nos parages,
Un naturel... de l'Odéon.

Ah ! ah ! c'est inouï, je trouve encore le temps de sacrifier aux muses ! quelle puissante organisation ! A propos, et ma femme qui ne s'occupe de rien... C'est déplorable... où est-elle en ce moment ?

betty. Monsieur, je crois qu'elle est encore couchée.

robinson. Encore couchée à... (*Il regarde l'heure.*) A midi !.. Je ne m'étonne pas qu'elle engraisse tant. — Ah ! elle se porte bien, ma femme... Elle se porte si bien que bientôt elle ne pourra plus se porter. — Elle est prodigieuse ! C'est au point qu'hier à Hyde-Park, les policemen la prenaient pour un rassemblement ! Quand je pense qu'elle a eu une taille de guêpe ; oui, Betty, c'était une véritable abeille... maintenant, c'est une ruche, moins le miel. — Enfin, va me la chercher, et si elle ne veut pas venir, apporte-la.

betty. Plaît-il ?

robinson. En plusieurs fois, si tu veux ; je ne demande pas l'impossible !

ENSEMBLE.

Air de *Gastibelza.*

Allons, chaud,
Vite et tôt !
Qu'elle se lève, il le faut.
Se croit-elle, par hasard,
Le monopole du lard.

BETTY.

Allons, chaud,
Vite et tôt !
J' vas lui dir' qu'il vous la faut :
Franchement, il est tard,
Et c'est assez fair' de lard !
(Elle sort, à droite.)

SCÈNE III.

ROBINSON, *puis* EVELINA.

robinson. Allons, mon livre d'hôtel est en ordre et mon frère le constable peut venir. En attendant, je vais laver la tête à madame Robinson. Ah ! la voici, c'est heureux !

evelina, *entrant par la gauche* (1). Good morning, my dear ; how do you do ?

ROBINSON. Bonjour, Madame ; je me haou douyou douille fort bien. (*A part.*) Dieu me damne ! elle est encore engraissée depuis hier.

EVELINA. Qu'avez-vous donc, Robinson ?

ROBINSON. J'ai, Madame, que ça ne peut plus durer longtemps comme ça ! vous vous couchez tôt... vous vous levez tard ! Quoi, au moment de l'exposition, dans un temps où l'espace vaut son pesant d'or, vous n'avez pas de honte d'occuper tant de place, à vous seule ?

EVELINA. Est-ce ma faute si je profite ?

ROBINSON. C'est peut-être la mienne ?

EVELINA. Je suis pourtant serrée.

ROBINSON. Serrée !.. je vous crois... parce que vous me le dites... Mais il y a d'autres moyens... On prend de l'exercice, on se prive d'aliments, de sommeil ; au lieu de cela vous mangez comme un tigre, et vous dormez comme un loir !

EVELINA. Monsieur, si vous continuez à me martyriser ainsi, mon parti est pris, je rentre chez ma tante.

ROBINSON. Votre tante Sandwich ?.. Ah ! je vous en défie.

EVELINA. Vous m'en défiez ?

ROBINSON. Mais, ma chère amie, vous ne le pourriez pas ; la porte n'est plus assez large... Mais, chut ! J'entends mon frère le constable... Souriez, Madame ; il est inutile d'afficher nos dissensions.

SCÈNE IV.

ROBINSON, EVELINA, PUDDING, ANTOINE COLOMBIER (1).

PUDDING, *entrant, à Colombier.* Non, mon cher ami, non ; la maison n'est pas à vendre. Il est étonnant !

COLOMBIER. C'est fâcheux !.. Belle maison !.. (*Il regarde à droite et a gauche.*)

PUDDING. Bonjour, Robinson ; bonjour, Evelina. Monsieur Colombier, je vous présente mon frère... Mon frère, je te présente M. Colombier, de Chandernagor, nabab de son état.

ROBINSON. Chandernagor, je connais ça... Camelot... salpêtre... rhubarbe... à l'embouchure du Gange.

PUDDING. M. Colombier a bien voulu débarquer chez moi... Il arrive tout exprès du Bengale pour voir l'exposition et pour épouser ma fille, dont il est tombé amoureux, sur un portrait d'elle... à l'âge de sept ans.

ROBINSON. Touchez là, mon neveu ; ces mariages-là sont les meilleurs (2). (*Appelant.*) Betty !.. (*Il remonte.*)

1 R. P. C. E.

2 P. C. R E.

COLOMBIER, *regardant Evelina.* Belle femme ! (*Il parle bas à Pudding.*)

PUDDING. Non, mon cher ami, non ; Madame n'est pas à vendre. Il veut tout acheter !..

COLOMBIER, *à lui-même.* C'est fâcheux ! Belle femme !..

ROBINSON, *appelant.* Betty ! Betty ! (*Betty entre* (1). Ces messieurs ont besoin de se rafraîchir.

COLOMBIER, *lorgnant Betty.* Belle fille !..

ROBINSON, *à Betty.* Af naf à ces messieurs.

BETTY. Voilà. (*Elle apporte la bière, qu'elle pose sur la table à gauche. Colombier parle bas à Pudding.*)

PUDDING. Elle n'est pas à vendre non plus... C'est une manie !

COLOMBIER. C'est fâcheux ! belle fille ! mais j'aime mieux la grosse.

PUDDING. On voit bien que vous ne connaissez pas encore votre future... A propos, est-ce que les wagons ne sont pas arrivés ?

BETTY. Je ne sais pas, Monsieur.

ROBINSON. Eh bien ! va-t'en voir s'ils viennent.

BETTY. Oui, Monsieur. (*Elle sort* (2)).

PUDDING. Cette chère enfant ! je l'attends avec bien de l'impatience... Et vous, mon gendre ?

COLOMBIER, *qui dévorait Evelina des yeux.* Hein !.. quoi !.. Ah ! oui... moi aussi.

PUDDING. Quand je pense que, depuis un an qu'elle est à Paris, où elle complète son éducation, je ne l'ai pas embrassée une seule fois. (*Il donne un verre servi à Colombier. Evelina remonte, Colombier la suit en la lorgnant.*)

ROBINSON. Dame ! vos bras sont si courts et la Manche est si longue.

PUDDING. Cette bonne Fanny !.. voilà un trésor ! un caractère !.. une candeur ! une propreté !.. et comme elle fait les confitures !.. demandez à son oncle Robinson comme elle est agréable (3) !

ROBINSON. C'est-à-dire que j'en suis littéralement fol ! c'est au point que je m'étais chargé de la doter... mais rassurez-vous, e ne ferai pas subir cette humiliation à un particulier aussi cossu que vous.

PUDDING. A propos, Robinson ; as-tu pensé à me chercher un domestique mâle ?

ROBINSON. Oui, mais en ce moment ils sont très-rares, et fort accaparés, les domestiques... Pourtant on doit m'en envoyer un ce soir... ou demain matin de bien bonne heure.

PUDDING. Ah ! tant mieux ! (*On entend du bruit dans la coulisse.*)

SCÈNE V.

LES MÊMES, BETTY, *accourant,* puis FANNY.

BETTY. Monsieur ! Monsieur !.. v'là vot' fille.

1 P. R. B. C. E.

2 R P. C. E.

3 E. C P. R

PUDDING. Mon cœur me l'avait dit! débarrasse un peu le seuil, pour que je frappe le premier ses timides regards.

FANNY, *en dehors*. Mon papa ! mon papa !

PUDDING, *criant*. Trois marches à monter ! la première porte à droite... c'est là qu'est ton père!

FANNY, *paraissant*. Ah! le voilà! (*Ils s'embrassent* (1), *Betty sort par la gauche.*)

PUDDING. Bonjour, ma fille !.. tiens, est-ce qu'il pleut?

FANNY. Non, mon père.

PUDDING. J'avais cru... ah ! j'y suis! ce sont des larmes... (*Après avoir fait un signe d'intelligence à tous les autres.*) Ma fille, je te présente M. Antoine Colombier, de Chandernagor... de l'esprit, un cœur sensible, millionnaire et célibataire; voilà son caractère (2).

FANNY, *saluant*. Monsieur! (*A part.*) Ah! qu'il est laid !

PUDDING, *bas, à Fanny*. Il est très-riche.

FANNY, *à part*. C'est possible, mais il est bien laid.

PUDDING, *à part*. Je crois qu'il ne lui déplaît pas. (*A Colombier* (1). Comment la trouvez-vous ?

COLOMBIER. Je la trouve un peu... mais, pas assez ..

PUDDING. Oui... mais elle est très-forte... musicienne.

COLOMBIER. Ça me fait bien plaisir. (*Il se retourne vers Evelina.*)

PUDDING. Bravo ! (*A part.*) Ils commencent par l'estime, ils finiront par l'amour. (*Haut.*) Mais, pardon !

Air : *Ah ! jurons-nous.*

De mes devoirs il faut que je m'acquitte;
Pardonnez-moi de vous laisser ainsi.
Mais je vais tout terminer au plus vite,
Bientôt, je viens vous prendre ici.
     (*Passant à Fanny.*)
En m'attendant avec ta tante cause.
     (*A Colombier.*)
Et vous?

COLOMBIER.

Je vais acheter des chevaux.

PUDDING, *avec dépit, passant près de Robinson*.
Il faut toujours qu'il achet' quelque chose.

ROBINSON, *à Pudding*.
A la famille il fera des cadeaux !

ENSEMBLE.

ROBINSON ET PUDDING.

De mon devoir il faut que je m'acquitte,
Pardonnez-nous de vous laisser ici ;
Mais nous allons tout finir au plus vite,
Dans un moment nous revenons ici.

1 C. P. F. R. E.
2 C. F. P. R. E.
3 P. C. F. R. E.

FANNY.

De son devoir, il faut bien qu'on s'acquitte ;
Allez, papa, je vous attends ici.
     (*A part.*)
Mais en secret, moi je me félicite,
Que ce monsieur si laid nous quitte aussi.

EVELINA.

De son devoir, il faut bien qu'on s'acquitte,
Allez, allez, je reste avec Fanny.
     (*A part.*)
Je suis bien aise d'ailleurs qu'il nous quitte,
Puisqu'en partant il emmèn' mon mari

COLOMBIER, *à part*.

Pour cette emplette, il faut que je les quitte,
Mais, à regret, je m'éloigne d'ici
     (*Regardant Evelina.*)
Son embonpoint a beaucoup de mérite,
Et je voudrais que l'autre fût ainsi.
(*Robinson et Pudding sortent par la gauche, premier plan; Colombier par le fond.*)

SCÈNE VI.

FANNY, EVELINA (1).

FANNY. Ah! maintenant que nous voilà seules... dites-moi, ma tante, pourquoi donc papa avait-il cet air singulier, en me présentant ce vilain monsieur jaune?

EVELINA. N'as-tu pas deviné ?

FANNY. Quoi ?

EVELINA. Dame ! tu as dix-sept ans... et...

FANNY. Me marier? avec lui?.. oh! non, par exemple :

EVELINA. Il n'est pas beau, c'est vrai; mais qu'importe !

FANNY. Mais, je veux aimer mon mari, moi !

EVELINA. Idées de jeunes filles... penses-tu donc que j'aimais ton oncle, quand nous nous sommes unis?

FANNY. Dame! oui.

EVELINA. Tu as une bien mauvaise opinion de ta tante...

FANNY. Vous dites ?..

EVELINA. Je dis que je suis sa femme.... et... je n'en suis pas plus heureuse pour ça !

FANNY. Est-il possible !

EVELINA. Hein ?.. oui, je me suis trahie !.. mais, enfin, M. Colombier est riche, c'est le principal.

FANNY. Mais non !

EVELINA, *s'oubliant encore*. A qui le dis-tu ?

FANNY, *à part*. Qu'est-ce qu'elle a donc, ma tante ?

EVELINA. Ne m'écoute pas, je suis folle; mais, console-toi, va... quel que soit celui que tu épouses... tu seras toujours malheureuse.

FANNY. Oh ! je suis bien sûre que non... et si j'étais ma maîtresse...

1 F. E

EVELINA. Tu aimes donc quelqu'un ?

FANNY. Eh! bien, oui !.. je vais tout vous dire... un Français... un Parisien, avec qui j'ai fait le voyage...

EVELINA Comment, un homme que tu connais d'hier?

FANNY. Oh! je l'avais déjà rencontré au Luxembourg, avec ma pension... une fois il a joué aux quatre coins avec nous .. une autre fois, comme nous donnions à manger aux cygnes, un orage survint tout à coup... mes compagnes se sauvent sous les marronniers et me laissent toute seule... alors, ce jeune homme qui passait, par hasard... s'approcha de moi, et m'offrit...

EVELINA. Son parapluie ?

FANNY. Non, il n'en avait pas... il m'offrit son bras. (*Baissant les yeux.*) Je... je l'acceptai...

EVELINA. Quoi, Mademoiselle ?..

FANNY.

Air : *Comme il m'aimait.*

Il pleuvait tant, (*bis.*)
Contre lui comment me défendre ?
Il pleuvait tant. (*bis.*)
Voila qu'en me reconduisant,
Il me demande d'un air tendre
Un baiser...

EVELINA.
Tu le laissas prendre ?

FANNY.
Il pleuvait tant (*bis.*)
Que voulez-vous?.. il pleuvait tant !

EVELINA. Et ce jeune homme, sais-tu au moins qui il est?

FANNY. Mon Dieu! non, je n'ai pas pensé à le lui demander.—Tout ce que je sais, c'est qu'il est bien gentil, et qu'il a l'air très comme il faut.

EVELINA. Et tu l'aimes?

FANNY. Sans doute, puisqu'il m'aime aussi! oh ! je le reverrai ; il est à Londres pour l'exposition, et j'espère... mais chut! voici papa... pas un mot de ceci.

SCÈNE VII.

LES MÊMES, PUDDING, ROBINSON.

PUDDING. Oui, petit frère, tes livres sont parfaitement tenus. Le constable est satisfait Fanny, je t'attends.

FANNY. Me voici, mon papa (1).

PUDDING Surtout, Robinson, n'oublie pas mon domestique mâle.

ROBINSON. Sois tranquille.

1 R. P. F. E.

PUDDING.

Air : *Je te quitte, mais.*

Allons, ma fille, viens, suis-moi,
Car des fatigues d'un voyage,
Rien ne repose mieux, je gage,
Que de se retrouver chez soi.

ENSEMBLE.

ROBINSON ET EVELINA.
Au revoir donc, embrasse-moi,
Car des fatigues, etc.

FANNY.
Allons , mon père, conduis-moi,
Car après un si long voyage,
Rien ne repose mieux, je gage,
Que de se retrouver chez soi.

(*Fanny et Pudding sortent par le fond.*)

SCÈNE VIII.

EVELINA, ROBINSON (1).

EVELINA. Moi, je vais à ma toilette.

ROBINSON. Allons, bon ! sa toilette à présent.

EVELINA. Ne faut-il pas, pour vos hôtes, que je sois vêtue décemment.

ROBINSON Décemment! vous me leurrez avec cet adverbe,—mais je ne suis pas votre dupe ; car j'ai toujours remarqué que, plus vous étiez habillée, moins vous étiez vêtue.

EVELINA. Dame! quand on a des avantages.

ROBINSON. Madame... quand on en a trop... c'est comme si on n'en avait pas.

EVELINA. Vous êtes un malhonnête!

ROBINSON. Et vous une grosse vaniteuse!

EVELINA, *en sortant à droite.* By god! oh! very stupid fellow!

SCÈNE IX.

ROBINSON, *puis* OSCAR.

ROBINSON, *la suivant des yeux.* Elle s'en va!.. Elle me laisse seul avec le monde sur les bras. . comme feu Atlas.—Ma foi, pour tant faire, j'aurais aussi bien fait d'épouser Westminster ou la tour de Londres. (*On sonne à droite.*) Ah ! voici l'Afrique qui m'appelle. (*On sonne à gauche.*) Cette fois, c'est l'Asie. (*On sonne au fond.*) L'Océanie, à présent! On y va, mes seigneurs... on y va... (*Il remonte, Oscar paraît à la porte d'entrée, une valise à la main* (2).

OSCAR. Londres est complet, et je n'ai d'espoir qu'en vous, Monsieur. (*Robinson le regarde sans parler.*) Je voudrais une chambre et un lit. (*Robinson sourit et s'en va en levant les mains au ciel. Le suivant.*) Pardon, je... (*Redescendant*)

1 R. E.
2 R. O.

Comment, il s'en va sans me répondre? mœurs anglaises! (*Il jette sa valise sur la table.*)

Air de *R che d'amour.*

O chance !
O providence !
Je suis dans Albion
Pour l'exposition ;
Salut à toi, fière Albion,
Berceau du houblon
Du spleen et de lord Byron'

A moi les docks et Westminster,
Les gros rosbeefs et le porter,
Les larges lits... la bonne table ;
C'est le pays du confortable.
Je veux goûter, puisque j'y suis,
De ses plaisirs, de ses produits.

O chance !
O providence ! etc

Qui m'eût dit, il y a vingt-quatre heures, que je foulerais ce sol étranger? C'était avant-hier... Je m'ennuyais... il y avait des cheveux dans mon existence... J'étais accoudé, depuis un jour ou deux, sur l'appui de ma fenêtre, regardant sans voir, et entendant sans écouter, lorsque deux inconnus, s'étant arrêtés juste au-dessous de moi, je surpris ces deux mots : *English exhibition!*— Ce fut un trait de lumière ! Laisser tomber mon cigare sur le chapeau d'un passant, et faire mes malles, fut l'affaire d'un moment. En une seconde, je m'étais fait ce raisonnement : Paris est désert ; le portrait à cinquante francs, ressemblance garantie pour un an, est peu demandé. Les arts sont dans le marasme; l'univers est à Londres... Allons-y! Justement, je venais de toucher le prix de deux tableaux d'histoire, qu'un Anglais m'avait commandés, Marius sur les ruines de Carthage, et la mort de Cléopâtre. Pressé par le temps et manquant de modèles pour ma reine d'Égypte... et pour mon général romain, j'avais tourné la difficulté assez adroitement.—L'aspic était caché dans une corbeille, et Cléopâtre était sortie pour s'assurer qu'on ne la dérangerait pas.—Quant à Marius, il était complétement masqué par une colonne encore debout. Ça a passé très-bien ; et l'Anglais me paya mes tableaux quatre cent cinquante francs... les deux !.. cadres compris. Je me dis : ce qui vient des Angl.. (*En ce moment Betty traverse le théâtre, de droite à gauche, une théière à la main.*) Eh! la fille ! Mademoiselle ! Miss ! (*Betty le regarde et sort sans lui répondre.*) Pardon, je... Comment, elle aussi ! Ah çà, il paraît que le silence est le fond de la langue. Où en étais-je?.. Ah! voila .. (*Reprenant le récit où il l'a laissé.*)... glais, doit retourner aux Anglais; et me voila dans la rue. J'arrive au chemin de fer ; je saute dans le premier wagon venu... et je ombe sur les genoux d'une jeune fille charmante. Je n'y suis pas resté. L'inspecteur s'y opposa, et

elle aussi, je dois le dire... Mais, voyez un peu la bizarrerie du destin!... Ah! il me semble entendre l'hôtelier? Oui, c'est lui !...

SCÈNE X.

OSCAR, ROBINSON (1).

OSCAR. Monsieur, je voudrais... je désirerais... (*Robinson lève encore les yeux et les bras au ciel, et veut sortir, Oscar lui barre le passage.*) Ah! non, pas toute la vie (2)! et, cette fois, vous m'écouterez. — (*A part.*) Ah! mais, j'y suis; il ne m'entend pas. Je vais lui parler son idiôme; je le possède... dans ma poche. (*Il en tire un livre, lisant :* Have-you any rooms to let ?

ROBINSON. Hein?

OSCAR, *de même.* Roomsfurnis-hed... appartements furnis-hed? (*Robinson sourit.*) With a very good bed? (*Robinson sourit plus fort.*) How much do you ask a head ?

ROBINSON. Pardon, Monsieur, pardon ! je suis pressé, si ça vous était égal de parler français?

OSCAR. Hein! Comment, vous entendez le français ?

ROBINSON. Comme père et mère.

OSCAR. Il connaît même les finesses de la langue!.. Et vous ne me le dites pas tout de suite ?

ROBINSON. Vous ne me l'avez pas demandé.

OSCAR. Mais, mon cher, il fallait le mettre sur les carreaux ! A Paris, ça se fait : *English spoken here.*

ROBINSON, *souriant.* Oh ! vous êtes si avancés chez vous !

OSCAR. Mais un peu.

ROBINSON. Oui, Monsieur... un peu... mais ne parlons pas politique. Qu'est-ce que vous voulez?

OSCAR. Un logement, une chambre, un lit.

ROBINSON, *de même.* Un lit ?

OSCAR. La Tamise en a bien un.

ROBINSON. Oui, mais moi je n'en ai plus.

OSCAR. Vous avez bien quelques matelas ?

ROBINSON. Pas un traître crin.

OSCAR. Alors, ce fauteuil ?

ROBINSON. Loué... à un académicien de Pékin.

OSCAR. Cette chaise en natte ? (3)

ROBINSON. Louée à un Natchez ; le dessus pour lui, les bâtons pour son perroquet.

OSCAR. Mais, sacrebleu ! je ne peux pourtant pas coucher dans la rue. Que diable ! vous ne me refuserez pas un grenier, une soupente.. un hangar?

ROBINSON. Tout est encombré... encombrissimé!.. mais, vu que je suis très-hospitalier, je consens à vous louer votre longueur de terrain.

1 O. R.
2 R. O.
3 O. R.

OSCAR. Plaît-il?

ROBINSON. Dépêchons... Quelle taille avez-vous?

OSCAR. Cinq pieds quatre pouces ; trois pouces de plus que Napoléon.

ROBINSON. Très-bien ! *(Il prend un mètre et mesure au milieu de la salle un espace qu'il trace à la craie.)* Voilà votre affaire.

OSCAR. Çà? pardon, mon cher, mais je vous ferai observer que le pied anglais étant plus court que le pied français, je serai fort gêné.

ROBINSON. Ce sera l'occasion ou jamais de rentrer en vous-même. *(On sonne.)* Décidez-vous... on m'appelle.

OSCAR. Mais...

ROBINSON. Je vous donne une seconde pour réfléchir.

OSCAR. Que le diable t'emporte !..

ROBINSON. L'heure est passée... bonsoir. *(Il sort à droite.)*

OSCAR, *le suivant.* Eh! monsieur l'hôte?

* * *

SCÈNE XI.

OSCAR, *seul, puis* UN EXPOSANT.

Il s'en va !.. me voilà bien , moi! *(Au public.)* Je continue. — La jeune fille qui m'avait servi... de stalle un moment, n'était pas une étrangère pour moi. Je l'avais déjà haranguée au Luxembourg, un jour d'orage... à la face... des nuages. C'est une anglaise... brune, dix-sept ou dix-huit ans, et pas de taches de rousseur. — Elle ne me parla pas, je lui tins à peu près le même langage... mais nos prunelles entamèrent une conversation pleine de promesses et d'abandon. Bref, au bout de deux heures, elle m'avait envoyé son cœur dans un regard , et je lui avais fait passer mon âme par la même voie... — Arrivés à Calais, elle prend le paquebot, je prends le paquebot... Il y avait bien sa gouvernante qui me gênait un peu ; mais par bonheur, Neptune lui étant contraire, elle dut lui faire quelques sacrifices ; et, pendant ce temps... ah! ma jolie petite... Grande-Bretonne! vous aviez oublié le tangage et le roulis... Neptune vous respecta ; et, pourtant, je le crois, votre cœur était bien malade. *(Avec explosion.)* Et le mien donc!... Arrivés sur la plage, il fallut bien se quitter!.. Mais je la reverrai... Elle m'a confié qu'elle venait passer un mois à Londres dans sa famille, pour voir l'exposition... c'est donc à l'exposition que je la retrouverai. Mais, pour cela, il faut que je reste à Londres; et pour rester à Londres...

Air : *Patrie, honneur.*

Il faut un lit, il faut un logement.

(Regardant autour de lui.)

Et pas un trou, pas un coin, pas un angle !

Dieu des amours, toi qui vois mon tourment,
Assiste-moi, fût-ce d'un lit de sangle !
Puisqu'il s'agit du coucher d'un amant
C'est, entre nous, de ton département.
Fais ton devoir. — Le coucher d'un amant,
Est, après tout, de ton département.

(Criant.) Un lit ! je demande un lit! un lit ou la mort! *(Un exposant entrant par la gauche, troisième plan.)*

L'EXPOSANT. Monsieur désire un lit?

OSCAR. Oui, Monsieur.

L'EXPOSANT. J'en ai un à vous offrir.

OSCAR. Vraiment?

L'EXPOSANT. Un lit superbe.

OSCAR. Je ne tiens pas à la beauté.

L'EXPOSANT. Et parfaitement conditionné... en bois sculpté.

OSCAR. Je ne tiens pas à la qualité... Tout ce qu'il me faut, c'est que ce soit un lit... Combien par mois?

L'EXPOSANT. Il n'est pas à louer... il est à vendre.

OSCAR. Ça m'est égal... combien?

L'EXPOSANT. Deux mille francs.

OSCAR. Deux mille francs!.. C'est donc un saphyr .. creusé?

L'EXPOSANT. Non, Monsieur... c'est un lit à musique.

OSCAR. A musique?

L'EXPOSANT. Oui, Monsieur... il réveille les Anglais avec des airs français .. et il endort les Français avec des airs anglais.

OSCAR. C'est fort ingénieux. . Je vous en offre dix-huit francs, à condition qu'on me le livrera ce soir.

L'EXPOSANT. Impossible, Monsieur.

OSCAR. Quand donc l'aurai-je?

L'EXPOSANT. Dans trois mois... après l'exposition.

OSCAR. Hein .. vous dites?..

L'EXPOSANT. C'est le numéro 3,669.

OSCAR. Allez au diable! *(L'exposant sort.)* Imbécile! qui me fait venir l'eau à la bouche! Mais les obstacles ne me rebuteront pas : on m'a déjà renvoyé de dix hôtels... je m'incruste ici! Il est impossible que, dans cette maison, je ne finisse pas par me caser... et, quand je devrais coucher dans une armoire..... *(En disant cela, il va à l'armoire et met la main sur la clé.)*

UNE VOIX, *partant de l'armoire.* Il y a du monde.

OSCAR. Hein? *(Il ouvre l'armoire. Des personnes sont étendues sur chacun des rayons.)* Ah bah!. habitée!.. une bibliothèque humaine! Tiens! mais ce buffet? (Il ouvre le buffet. On aperçoit dedans un Chinois et une Chinoise recoquillés.) Encore! du monde partout! N'importe! visitons le reste de la maison. *(Il sort par la gauche, après avoir fermé avec fracas les portes de l'armoire.)*

SCÈNE XII.

ROBINSON, *puis successivement*, EVELINA, OSCAR, BETTY, PUDDING *et* l'AMÉRICAIN.

ROBINSON, *entrant par la droite avec de l'or qu'il fait sonner.* Oui... cherche, mon bonhomme! cherche!.. l'Américain qui vient de m'envoyer le prix de sa première nuit ; oh! ces Américains comme ils sont grands! quel grand peuple! voilà un grand peuple!.. oh! et moi qui ai oublié de me procurer le dodo demandé!.. comment faire?.. par saint Dunstan, je ne peux pourtant pas lui renvoyer son argent... mon caractère hospitalier s'y op... ah!.. quelle idée!.. oh! non!.. bah! pourquoi pas?.. l'intérêt me l'ordonne... nos lois le permettent... et son humeur acariâtre me décide... (*Appelant.*) Evelina! (*Faisant sonner son or.*) Deux cent cinquante livres de France... juste son poids... livre pour livre... Evelina!..

EVELINA, *entrant à moitié agrafée.* Mon ami (1)?

ROBINSON. Mettez votre mantelet, ma biche.

EVELINA. Nous sortons, mon ami?

ROBINSON. Oui, mon trésor.

EVELINA. Tu me mènes à l'exposition?

ROBINSON. Oui... à l'exposition.

OSCAR, *rentrant.* Rien! toujours rien!

EVELINA. Quel bonheur!.. (*Elle se dirige vers la gauche.*) Je suis à toi... oh! jam very glad, very happy. (*Elle entre par la gauche.*)

OSCAR, *qui a regardé dans la chambre de droite.* Un lit!.. c'est le ciel qui s'ouvre! (*Il disparaît par la droite.*)

ROBINSON, *seul.* Maintenant, mon Américain peut venir... ah! j'oubliais. (*Appelant.*) Betty!...

BETTY, *entrant par la gauche, troisième plan.* Monsieur (2)?

ROBINSON, *après lui avoir parlé bas.* Tu m'entends?

BETTY. Une corde?.. pourquoi faire?

ROBINSON. Chut!.. allez! (*Betty entre à droite.*) C'est l'usage... décidément, je suis bien content de mon idée... elle manque peut-être de noblesse et de grandeur... mais, bath! on est aubergiste ou on ne l'est pas!..

BETTY, *poussant un cri de la coulisse.* Ah!.. (*Entrant effarée.*) Au secours!.. au voleur (3)!..

ROBINSON. Qu'est-ce qui te prend donc?

BETTY. Tenez, Monsieur, là!.. dans le lit de Madame!.. un homme!

ROBINSON. Un homme!.. (*Il se précipite dans la chambre et en sort aussitôt en traînant après lui Oscar qui a ôté son habit et s'est mis une marmotte. Bruit de coulisse.*) Mais, puisque je vous dis que ce lit est loué! (*Betty sort à gauche.*)

1 R. E.

2 B. R.

3 R. B.

OSCAR. Mais, puisque je vous dis que j'ai sommeil... je suis fatigué (1)!

ROBINSON. Eh bien! vous dormirez en France... il est sans gêne, ce continental!

OSCAR. C'est révoltant!.. c'est ignoble!.. il faut pourtant percher quelque part!.. c'est-à-dire que pour trouver la table et le logement, je ne sais pas ce que je ferais!.. où plutôt, ce que je ne ferais pas!.. chien de pays! (*Il arrache sa marmotte et piétine dessus.*)

PUDDING, *entrant.* Eh bien, petit frère... et ce domestique mâle (2)?

ROBINSON. Je n'ai encore rien reçu.

PUDDING. Sapristi!.

OSCAR, *à part.* Hein?.. un domestique! mais... (*Avec indignation.*) Ah! (*Changeant de ton.*) Ah! ma foi! voilà mon affaire!.. (*Haut.*) Monsieur demande un domestique? (*Betty rentre et donne la corde à Robinson (3).*)

PUDDING. Mâle... oui, Monsieur.

OSCAR. Que vous logerez, coucherez et nourrirez?

PUDDING. Que je chaufferai, blanchirai et éclairerai.

OSCAR, *à part.* Entre la mort et la vie, il n'y a pas à hésiter!.. (*Haut.*) Monsieur, j'ai votre article...

PUDDING. Vous connaîtriez?..

OSCAR. C'est moi, Monsieur.

PUDDING. Vous me plaisez déjà, mon ami.

OSCAR. J'en suis heureux. Où demeurez-vous?

PUDDING. Boury Street ; maison du constable.

OSCAR. Très-bien... le temps de passer mon habit et je vous suis. (*Entrant à droite.*) De cette façon, je suis logé, nourri, couché, et je reste à Londres.

L'AMÉRICAIN, *entrant par le fond (4).* Eh bien, Monsieur?

ROBINSON. Ah! c'est vous?.. Betty, tu conduiras Monsieur à la chambre jaune.

BETTY. Mais, c'est la chambre de Madame.

ROBINSON. Chut!

EVELINA, *entrant par la gauche.* Me voilà, mon ami (5)

ROBINSON, *mettant la corde dans sa poche, et offrant le bras à sa femme.* Quand tu voudras, mon ange!

EVELINA. Tout de suite, mon Loulou.

OSCAR, *entrant par la droite (6).* Monsieur, je suis prêt à vous suivre.

PUDDING. Allons!

1 R. O.

2 R. P. O.

3 B. R. P. O.

4 B. R. l'Am. P.

5 E. R. P. B. l'Am.

6 E. R. P. O. B. l'Am.

<table>
<tr><td>

ENSEMBLE.

PUDDING.

Air : Duo des *Puritains.*

Et, maintenant, en route,
J'ai mon valet, coûte que coûte ;
Il est plein de distinction,
C'est une bonne occasion.

ROBINSON.

Et, maintenant, en route !
Tout est bâclé, coûte que coûte !
La fortune entre en la maison
En la maison de Robinson.

OSCAR.

Et, maintenant, en route !
Je suis logé, coûte que coûte !
Mais c'est dur d'entrer en maison,
Pour un garçon de bonn' maison !

</td><td>

EVELINA.

Et, maintenant, en route !
Je me sens épanouir... toute !
Le plaisir trouble ma raison,
Grâce aux bontés de Robinson.

BETTY.

Ils vont se mettre en route ;
Ma foi, je n'y comprends plus goutte ;
En regardant cette maison,
On croirait voir un cabanon !

L'AMÉRICAIN.

Allons, coûte que coûte,
Sur mon lit je n'ai plus de doute,
Au prix de la location,
J'aime à penser qu'il sera bon !

FIN DU PREMIER ACTE.

</td></tr>
</table>

ACTE DEUXIÈME.

Un petit salon chez Jonathas Pudding, porte au fond, portes au premier et au troisième plan de droite ; portes au premier et au troisième plan de gauche, une cheminée entre les deux portes, un buffet, au fond, à gauche.

SCÈNE PREMIÈRE.

PUDDING, *seul, entrant par la gauche, appelant.* Tom !.. John !.. Bob !.. et moi qui n'ai pas pensé à demander son extrait de baptême à mon nouveau domestique !.. Généralement il n'y a rien de plus incommode pour appeler quelqu'un que de ne pas savoir son nom... Vous me direz qu'on peut sonner... mais je trouve que la sonnette a quelque chose d'agaçant pour la personne à qui elle s'adresse. (*Appelant.*) John ! où est-il ? que fait-il ? de quoi s'occupe-t-il ? je me le demande. Rien de fait ! cet appartement en désordre. (*Indiquant plusieurs paires de bottes qui sont à terre.*) Ces chaussures incirées. (*Appelant plus fort.*) Georges !.. William !.. Tomy !..

SCÈNE II.

PUDDING, OSCAR, *en jockey* (1).

OSCAR, *entrant par la droite et très-tranquillement.* Monsieur... je m'appelle Pamphile.

PUDDING. Ah ! enfin !

OSCAR, *à part.* Je prends un nom de guerre par respect pour mes aïeux.

PUDDING. Où donc étiez-vous, jeune homme ? voilà dix minutes que je m'égosille... Est-ce que vous n'entendiez pas ?

OSCAR. Pardon, Monsieur ; mais j'étais occupé.

1 P O.

PUDDING. A quoi donc ?

OSCAR. Je me faisais les ongles.

PUDDING. Ah ! vous êtes soigneux de votre personne ?

OSCAR. Je suis assez soigneux de ma personne.

PUDDING. Je ne blâme pas cette tendance ; mais je voudrais que vous l'appliquassiez à mes appartements. Vous êtes ici depuis une heure et rien n'est encore commencé... Enfin, n'importe... Écoutez-moi : voici pour aujourd'hui ce que vous avez à faire.

OSCAR. Voyons, Monsieur.

PUDDING. 1° Balayer ma chambre... la chambre de ma fille...

OSCAR. Vous avez une fille ?

PUDDING. Oui.

OSCAR. Vous ne m'aviez pas prévenu de ça.

PUDDING. C'est un détail... Je disais donc, balayer ma chambre, la chambre de ma fille, la chambre de mon hôte...

OSCAR. Vous avez un hôte ?

PUDDING. Oui, un riche nabab venu à Londres pour l'exposition.

OSCAR. Vous ne m'aviez pas non plus prévenu de ça.

PUDDING. C'est un détail... Je continue : 2° préparer le goûter, faire cuire un beefteack pour ma fille, un beefteack pour mon hôte, deux beefteacks pour moi.

OSCAR. Bien, Monsieur. (*Il va pour sortir.*)

PUDDING. Un moment ! 3° Faire le thé de ma fille..

OSCAR, *continuant.* Le thé de votre hôte.

PUDDING, *de même.* Le thé de moi.

OSCAR. Bien, Monsieur. (*Il va pour sortir* (1).

PUDDING. Un moment!...

OSCAR. Ça n'est pas fini? (*A part.*) Le chapelet est long.

PUDDING. 4° Pendant que le goûter cuira, faire les premiers préparatifs du souper.

OSCAR. Bien, Monsieur.

PUDDING. 5°...

OSCAR. Encore?

PUDDING. Mais non, je vous dirai ça plus tard... Occupez-vous d'abord de lustrer ces chaussures .. Moi, je vais voir si ma fille a terminé sa toilette. Allons, Pamphile... allons, mon garçon; vivement, vivement. (*Il sort par la droite.*)

SCÈNE III.

OSCAR, *seul.* Ah! mais la maison est très-dure! Si ça va toujours de ce train-là, j'aurai peu de loisir à consacrer à l'exposition... qui dirait, à me voir sous ce harnais .. devant ces ignobles cothur-nes... que j'ai l'honneur d'être le confrère d'Horace Vernet? Oscar Colombier, une des gloires du Louvre... et du Château-Rouge... l'héritier présomptif d'un oncle qui a dû amasser aux grandes Indes pas mal de roupies... mais bah! résignons-nous, c'est pour elle!.. c'est pour ma divine inconnue. (*Mettant des gants.*) Allons-y gaiement. (*Prenant parmi les bottes une paire de bottines de femme.*) Tiens, voilà de jolies bottines! La perle sur le fumier, la rose parmi les chardons. (*Regardant les bottines.*) Cher ange!.. elle doit en avoir dans ce genre-là. (*Il couvre les bottines de baisers. Pudding entre et le regarde avec stupéfaction.*)

SCÈNE IV.

OSCAR, PUDDING (2).

PUDDING. Que vois-je?

OSCAR, *interdit.* Oh!

PUDDING. Vous embrassiez les bottines de ma fille !

OSCAR, *cherchant la brosse.* Moi, Monsieur; pardon, je cirais.

PUDDING. Pardon, vous embrassiez.

OSCAR. Pardon, je cirais. (*Il frotte.*)

PUDDING. Avec votre bouche? C'est donc un nouveau procédé?

OSCAR. Ah! je vais vous dire; je soufflais sur le cirage pour le faire reluire. (*Même jeu.*)

1 O. P.

2 O P

PUDDING. Le cirage? mais vous n'en avez pas mis.

OSCAR. Vous croyez; c'est par économie; je cherchais à utiliser l'ancien.

PUDDING, *à part.* Il a des qualités. (*Haut.*) Pendant que ma fille termine sa toilette, ayez donc l'obligeance d'aller aux provisions.

OSCAR. Oui, Monsieur.

PUDDING. Peu cuits...

OSCAR. Quoi?

PUDDING. Les beefteeks.

OSCAR. Oui, Monsieur ! (*Il remonte.*)

PUDDING. Et très-léger...

OSCAR. Quoi (1)?

PUDDING. Le thé. Emportez ces chaussures, vous les cirerez en route!

OSCAR. En route?

PUDDING. Ou en revenant, si ça vous est plus commode.

OSCAR. Oui, Monsieur. (*A part.*) Décidément, la maison est très-dure. Il faudra que je loue un petit groom ou une Jeanneton, pour m'aider.

PUDDING.

Air :

Allons, partez promptement;
Montrez-vous, adroit, agile,
Et que par vos soins, Pamphile,
Tout soit prêt dans un moment,
Les chambres, le thé, le repas,
N'oubliez rien !

OSCAR, *à part.*

Il me surmène!
Je vais, en faisant mes achats,
Marchander un homme de peine.

ENSEMBLE.

(*Haut.*)
Je m'éloigne promptement;
Monsieur peut être tranquille;
Reposez-vous sur Pamphile,
Tout sera prêt dans un moment.

PUDDING.

Allons, partez, etc.

(*Oscar sort en emportant les bottes.*)

SCÈNE V.

PUDDING, *puis* FANNY.

PUDDING, *seul.* Ce garçon ne me paraît pas du tout, mais pas du tout né pour servir. Ce ton... ces manières... il m'impose... vrai, je me sens gêné en sa présence. (*Voyant entrer Fanny par la droite.*) Ah! c'est toi, mon enfant?.. Eh bien! es-tu remise des fatigues de la traversée (2)?

FANNY. Oui, mon papa, tout à fait.

PUDDING. Allons! tant mieux!.. à propos, tu sais que j'ai trouvé un domestique?

FANNY. Ah!

1 P. O.

2 P. F.

PUDDING. Un jeune Français très-bien élevé, trop bien élevé même.—Enfin, n'importe; tu le verras, et je crois que tu en seras contente.

FANNY. Oh! du moment qu'il vous convient, mon papa. .

PUDDING. J'aime cette soumission ; elle est d'un bon présage.

FANNY. Que voulez-vous dire?

PUDDING. J'aborde, sans ambages, une question brûlante : —Tu as vu Antoine Colombier?

FANNY. Qui?.. ce Monsieur qui vous accompagnait ce matin?

PUDDING. Lui-même! mon commensal et ami, l'un des plus riches indigotiers de Chandernagor... comment le trouves-tu?

FANNY. Mais...

PUDDING. Parle sans ambages.

FANNY. Dame! entre nous, mon papa, je le trouve vieux et laid. .

PUDDING. Moi aussi... mais il a de bien beaux rubis... de plus, il t'adore...

FANNY. Il me connaît depuis une heure !

PUDDING. Mais il connaît ton portrait depuis huit jours, et ça lui a suffi... Enfin, je lui ai promis ta main.

FANNY. Ma main !.. Quoi, mon père?..

PUDDING. Pour rien au monde je ne voudrais contraindre les penchants.. ainsi, arrange-toi pour l'aimer dans un délai très-court.

FANNY. Pour l'aimer!..

PUDDING. Et pour l'épouser dans un délai non moins court.

FANNY. L'épouser?... jamais (1) !

PUDDING, avec colère. Mademoiselle!.. Chut!.. quelqu'un.

***

SCÈNE VI.

LES MÊMES, ROBINSON, la figure bouleversée. Il descend le théâtre à pas lents (2).

PUDDING. Qu'est-ce que tu as donc?

ROBINSON, d'une voix creuse. Tout est fini !

PUDDING. Quoi donc?

ROBINSON. C'est une affaire bâclée.

PUDDING. Quelle affaire?

ROBINSON. Evelina !

PUDDING. Eh bien ?

ROBINSON. Je suis veuf.

PUDDING ET FANNY. Veuf !

PUDDING. Comment, ta femme est morte?

ROBINSON. Morte, non... rassurez-vous... elle est incapable d'un pareil acte; mais pour moi, c'est tout comme.

PUDDING. Explique-toi...

1 F. P.
2 F. P. R.

ROBINSON, changeant de ton. Je viens de m'en défaire.

PUDDING. Comment?

ROBINSON. A la mode de... la Grande-Bretagne.

FANNY. Quoi?.. vous...

ROBINSON. Mon Dieu, oui... je viens de la vendre au marché.

FANNY. Ma tante!..

ROBINSON. Oh!.. par alliance.

PUDDING, avec commisération. Et en as-tu retiré un bon prix?

ROBINSON. Si j'avais pu la vendre au poids, ou en détail... j'aurais pu faire une bonne affaire. Mais, en gros, cette chère femme était d'un placement difficile. On m'en a donné vingt-deux shillings.

PUDDING. Ça n'est pas cher.

ROBINSON. C'est pour rien. Ah! ça m'a bien coûté!.. je l'aimais, au fond ! et comme on m'offrait dix livres sterling de sa couche... déserte, je me suis défait de ma bien-aimée. C'est égal, le sacrifice a été pénible ; et, si c'était à refaire... je le ferais encore; mais avec une douleur poignante (1).

PUDDING. Et, à qui l'as-tu vendue?

ROBINSON. Ma foi, je ne sais pas trop... j'avais la larme à l'œil... ça m'a troublé la vue... je crois que c'est à un jockey : pourvu qu'il la rende heureuse, mon Dieu !

FANNY. Ma pauvre tante !

ROBINSON. Par alliance !

FANNY. N'importe, je.....

ROBINSON. Que voulez-vous? c'est fait... il n'y faut plus penser..... Allons, viens-tu, petit frère... j'ai à te parler de la part des exposants qui logent chez moi.

PUDDING. Ah ! au sujet de leurs cartes d'admission... Passons dans mon cabinet; je vais te les remettre.

ROBINSON, à Fanny. Au revoir, petite nièce... (Tirant son mouchoir.) Cette chère Evelina! eh bien, vrai... mais là... vrai... ça me fait quelque chose... (Il sort à gauche, premier plan, avec Pudding.)

***

SCÈNE VII.

FANNY, seule. Pauvre mistriss Robinson... voilà pourtant quel est notre sort, à nous autres femmes... Toujours victimes; si ça n'est pas d'un mari, c'est d'un père... Oui, mais comment résister... Si encore ce jeune Parisien que j'ai remarqué pendant le voyage était ici? je pourrais me concerter avec lui pour fléchir mon père, pour le faire renoncer à cet odieux mariage... Quoique

1 F. R P.

je ne sache pas qui il est, j'ai bien vu à ses manières que c'était un jeune homme très-bien... (*Soupirant.*) Qu'est-il devenu ? le reverrai-je jamais, seulement ? Mais, n'importe !

Air : *En vérité, je vous le dis* (Bérat).

> J'ai de la tête et l'on verra
> Si l'on peut, lorsqu'on a mon âge,
> D'un magot être le partage,
> Et qui de nous l'emportera.
> On doit respect, obéissance
> A ses parents, je sais cela ;
> Mais j'ai passé six mois en France,
> J'ai de la tête et l'on verra !

(*Elle s'occupe à arranger diverses choses sur le buffet et sur la cheminée.*)

SCÈNE VIII.

FANNY, OSCAR (1).

OSCAR, *entrant avec ce qu'il faut pour mettre le couvert, et sans voir Fanny.* Je viens de conclure un marché d'or... je me suis donné un substitut, ou plutôt une substitute, pour faire le gros ouvrage. Vingt-deux shillings ! ça n'est pas cher... Il est vrai que je ne crois pas mon acquisition d'un caractère facile... d'abord elle a regimbé pour entrer dans cette maison ; je ne sais pas quel motif elle avait... Ensuite, quand je lui ai donné les chaussures à cirer, elle me les a jetées à la tête, en proférant quelques mots dans un mauvais anglais, que je n'ai pas compris ; mais je l'ai enfermée dans la cuisine, et j'espère que la réflexion... (*Apercevant Fanny.*) Ah ! c'est sans doute la fille du vieux. (*Saluant.*) Mademoiselle...

FANNY, *se retournant.* Quelqu'un ! (*à part.*) Ah ! c'est le domestique dont mon père m'a parlé. (*Le reconnaissant.*) Ciel !

OSCAR, *la reconnaissant.* Dieu !

FANNY, *à part.* Le Français du wagon !

OSCAR, *à part.* L'Anglaise du paquebot !

FANNY, *à part.* C'était un domestique !

OSCAR, *à part.* Et je suis sous cette livrée ! quelle humiliation !.. ah ! ma foi, tant pis... je vais lui dire... (*Haut et s'approchant.*) Mademoiselle...

FANNY, *s'éloignant.* Laissez-moi. (*A part.*) M'avoir trompée ainsi, je suis furieuse !

OSCAR. De grâce, un mot !.. apprenez... (*Voyant paraître Pudding.*) Le père ! (*Il s'éloigne et met le couvert.*)

SCÈNE IX.

LES MÊMES, PUDDING ET COLOMBIER, *ils entrent par le fond* (2).

PUDDING. Venez, mon cher hôte... la collation

1 F. O.
2 F. P. C. O.

ne peut tarder... et, tenez, voilà qu'on met le couvert.

COLOMBIER. Dépêchons-nous ; je meurs de faim.

PUDDING. Prenez patience.

COLOMBIER. J'aimerais mieux prendre une tranche d'autre chose.

PUDDING. Ah ! tu étais ici, Fanny ? Eh bien, que dis-tu de mon nouveau groom ? n'est-ce pas qu'il est bien ?

FANNY, *avec dépit.* Oui, en effet, très-bien... pour un domestique.

OSCAR, *à part.* Ma position manque de noblesse.

COLOMBIER, *lorgnant Oscar.* C'est là votre nouveau domestique ?.. ah ! c'est curieux, j'ai beaucoup connu un singe qui lui ressemblait.

OSCAR. Un singe ! . (*A part.*) C'était sans doute un de ses parents.

COLOMBIER. Il était fort laid... mais plein de gentillesse.

OSCAR, *à part.* Décidément la maison est très-dure. (*Il sort à droite, troisième plan.*)

SCÈNE X.

LES MÊMES, *moins* OSCAR.

PUDDING. Allons, mon cher Colombier, parlez donc à ma fille ; faites-lui votre cour (1).

COLOMBIER. Ma cour ?

PUDDING. Sans doute ; soyez aimable... tâchez de lui plaire.

FANNY. Mon père. .

COLOMBIER. Je croyais qu'il était convenu...

PUDDING. Que vous l'épouseriez ? Certainement.. mais. .

FANNY. C'est-à-dire...

COLOMBIER. Comment, c'est-à-dire ? Vous ne lui avez donc pas fait part de mes intentions ?

PUDDING. Si fait.

COLOMBIER. Vanté mes qualités... mes richesses ?

PUDDING Si fait.

COLOMBIER. Et elle hésite !.. c'est que vous ne lui aurez pas tout dit. (*A Fanny.*) Il ne vous a pas tout dit (1).

FANNY. Monsieur...

COLOMBIER.

Air le *Beau Lycas.*

> Je possède, pour votre usage,
> Les plus élégants palanquins ;
> Je vous apporte en mariage
> Près de trois cent mille sequins !
> Une forêt, qui n'a pas sa pareille,
> Une demeure... adorable merveille,
> Cent esclaves, trente éléphants...
> Croyez-vous qu'il soit bien des gens

1 F. P. C.
2 F. C. P.

Qui, comme moi, dans la corbeille,
Pourraient glisser de tels présents?
Peu de futurs, dans la corbeille,
Pourraient glisser trente éléphants !

PUDDING. Ce serait difficile.

COLOMBIER, *à Fanny.* Eh bien !.. est-ce que cela ne vous tente pas?

FANNY, *haut.* Dame... je conviens que cent esclaves..

COLOMBIER. Cent-un... en me comptant.

FANNY. Ah !

COLOMBIER. Et trente éléphants.

PUDDING, *à part.* Sans le compter, alors.

FANNY. Tout cela est bien séduisant pour la fille d'un constable, et...

COLOMBIER, *à part.* Elle est à moi... mais quel malheur qu'elle soit si.. j'aimerais mieux qu'elle fût plus...

SCÈNE XI.

LES MÊMES, OSCAR, *en habit noir, cravate blanche, gants blancs, sa serviette sous le bras, et portant des plats qu'il va poser sur la table, qui est placée au premier plan de droite* (1)

OSCAR. Monsieur est servi !

COLOMBIER. Bravo!

PUDDING. A table, mon cher hôte !

COLOMBIER. A table. (*Il offre la main à Fanny, et ils vont s'asseoir.*)

PUDDING, *regardant Oscar. A part.* Habit noir, gants blancs, quelle tenue!.. et moi qui suis en robe de chambre.

FANNY, *de même.* C'est qu'il a tout à fait bon air.

OSCAR, *à part.* Ma toilette produit son effet... je veux être si bon genre... qu'il lui soit impossible de me prendre pour un larbin. (*S'approchant de la table et du ton d'un dandy.*) Que vais-je avoir l'honneur de verser à Monsieur? de l'ale, du Bordeaux ?

COLOMBIER, *vivement.* Du Bordeaux, je préfère le Bordeaux.

OSCAR. Monsieur a raison. C'est la seule boisson réellement confortable. (*Prenant une bouteille et versant.*) En voici d'un excellent cru et de l'année de la comète ; c'est un vin très-cher.

PUDDING, *à part.* Il fait les honneurs avec une grâce...

OSCAR. C'est, je crois, du Château-Laffitte... et Caillard.. Plus tard, vous me permettrez de vous offrir du Madère... nous en avons de première qualité... C'est un vin très-apéritif, il remplace chez nous le Marsalle des anciens, Brillat-Savarin... cette illustre fourchette, le recommande particulièrement dans sa *Physiologie du goût.*

PUDDING, *à part.* Il m'humilie!.. parole d'honneur, il m'humilie. (*Il se lève.*)

(1 P. C. F. O., deuxième plan

FANNY. Vous nous quittez, mon papa?

PUDDING. Pardon, je reviens dans l'instant. (*Il sort à gauche, premier plan.*)

OSCAR, *à part.* Bon... le père n'est plus là; tâchons d'exploiter son absence. (*Haut, et s'approchant de Fanny.*) Offrirai-je à Mademoiselle?

FANNY. Merci.

OSCAR, *il se penche à son oreille, bas et vite.* Sachez que...

FANNY, *reculant sa chaise.* Prenez donc garde, mon cher ; vous marchez sur ma robe.

OSCAR, *interdit.* Pardon, je... (*A part, s'éloignant.*) Elle ne comprend pas.

PUDDING, *revenant avec un habit, à lui-même.* Ah! comme ça, je serai plus à mon aise.

COLOMBIER. Tiens, vous avez mis un habit ?

PUDDING, *s'asseyant.* Oui... pour dejeuner... c'est plus commode. (*Il coupe son beefteack.*)

OSCAR, *à part.* Remplaçons la parole par une pantomime expressive... établissons un télégraphe anglo-français. (*Il fait des gestes en cherchant à se faire remarquer de Fanny.*)

PUDDING. Voilà un beefteack dur, Pamphile.

OSCAR. Monsieur !

PUDDING. Voilà un beefteack bien dur.

OSCAR. Monsieur m'a dit...

PUDDING. J'ai dit : peu cuit.

OSCAR. Eh bien ; il me semble qu'il n'y a rien de plus peu cuit... (*Pardon du barbarisme.*) que pas cuit.

PUDDING, *à part.* Barbarisme !.. ce jeune homme a des expressions d'un choisi !..

OSCAR. Du reste, si Monsieur désire qu'on lui fasse revoir le feu...

PUDDING. Non. (*A part.*) Je n'ose pas lui commander... (*Haut, et très-poliment.*) Je ne voudrais pas vous donner cette peine.

OSCAR. Comme Monsieur voudra... (*A part.*) Rétablissons ma ligne. (*Il fait des gestes à Fanny ; Pudding, mange en faisant des grimaces.*)

FANNY, *regardant Oscar, à part.* Comment, il ose encore... (*Haut, avec dédain.*) Mais ne gesticulez donc pas ainsi, mon cher, vous êtes insupportable.

OSCAR, *à part.* Décidément... elle ne comprend pas... comment lui faire connaître?.. oh '.. une inspiration ! (*Il tire un crayon de sa poche et écrit dans l'intérieur d'une assiette pendant le couplet.*)

Air de l'Artiste.

Pour l'instruire en silence
Employons ce détour;
Qu'aujourd'hui la faïence
Vienne en aide à l'amour.
Au reste, la recette
Est très-logique.. c'est

Toujours sur une assiette
Que l'on sert un poulet.
Eh ! vite, avec l'assiette,
Servons-lui mon poulet

(*Donnant à Fanny l'assiette sur laquelle il vient d'écrire, avec intention.*) Mademoiselle...

FANNY, *coupant une part de gâteau qu'elle place sur son assiette et la tendant à Colombier.* Acceptez-vous de ce gâteau, Monsieur?

COLOMBIER. Volontiers, Miss. (*Elle change avec lui d'assiette.*)

OSCAR, *à part.* Ah ! fichtre ! mon autographe ! pourvu qu'il ne s'aperçoive pas...

COLOMBIER, *croquant le gâteau.* Exquis ! délicieux ! (*Jetant les yeux sur l'assiette.*) Qu'est-ce que cela ?

PUDDING ET FANNY. Quoi donc ?

COLOMBIER. Il y a quelque chose d'écrit dans cette assiette.

PUDDING ET FANNY. Comment ?

OSCAR, *vivement.* On l'aura mal essuyée... je vais... (*Il veut reprendre l'assiette.*)

PUDDING, *s'en emparant.* Laissez...

OSCAR, *à part.* Pincé !

PUDDING, *regardant dans l'assiette.* Que vois-je? l'ai-je bien lu ?

COLOMBIER. Qu'y a-t-il ?

PUDDING, *lisant.* « Je ne suis pas domestique...»

COLOMBIER. Ah! bah!

FANNY, *regardant Oscar.* Que signifie ? .

OSCAR, *à part.* Je voudrais être... aux Batignolles !

PUDDING. Que veut dire ceci?.. Est-ce vous, monsieur Pamphile, qui avez écrit cette devise sur ma terre de pipe?

OSCAR. Mais...

PUDDING. Répondez! comme constable et comme chef de maison... je vous somme de répondre...

OSCAR, *à part.* Bah ! qu'est-ce que je risque? (*Haut.*) Eh ! bien, oui, oui, c'est moi ! au fait, ça m'ennuie, à la fin ; il faut que ça éclate ! non, je ne suis pas domestique ! je n'ai pris ce déguisement que pour me rapprocher de votre fille! votre fille que j'aime ! (*Ils se lèvent.*)

COLOMBIER ET PUDDING. Qu'entends-je ?

FANNY, *à part.* Et je n'avais pas deviné !

OSCAR. Oui, je me suis fait domestique par amour ! vous voyez en moi le valet de cœur (1) !

ENSEMBLE.

Air de la *Rue de l'Homme-Armé.*

PUDDING ET COLOMBIER.

Ah! quel événement !
Eh quoi ! ce garnement,
Ce valet imposteur
Était un séducteur?
Pour moi quelle stupeur!

1 C. O P. F.

OSCAR.

Oui, ce déguisement
Vous cachait un amant;
Calmez votre fureur,
Et donnez à mon cœur
L'espoir et le bonheur.

FANNY, *à part.*

Ah! quel étonnement!
Ah! cet événement
Qui cause leur fureur
Rend enfin à mon cœur
La paix et le bonheur !

PUDDING. Aimer ma fille!.. quelle audace! Et, qui es-tu, pour te le permettre?..

OSCAR. Rassurez-vous, je ne suis pas un vagabond, un intrigant !.. Je suis artiste !

PUDDING, *avec dédain.* Artiste !

OSCAR. Sans fortune, il est vrai; mais j'ai des espérances...

PUDDING, *de même.* Des espérances? et tu crois que ça suffit pour devenir mon gendre, pour l'emporter sur un nabab, sur un indigotier millionnaire!.. M. Antoine Colombier (1).

OSCAR. Hein?.. Antoine Colombier... lui!.. (*A part.*) L'homme au singe!.. mais alors je suis de votre sang !

COLOMBIER. Hé? quoi?..

OSCAR, *lui tendant les bras.* C'est moi, votre neveu, Oscar Colombier ! (*S'avançant les bras ouverts.*) Ah! mon oncle, permettez (2)...

COLOMBIER, *le repoussant.* Va te promener...

OSCAR. C'est ainsi que vous accueillez votre sang?..

COLOMBIER. Je me suis fait des entrailles de zinc pour tous mes coquins de neveux !

OSCAR. Si vous saviez comme je suis gentil! oh! mon petit nonnoncle, laissez-vous amollir!

COLOMBIER. Jamais!

OSCAR. Ah! c'est comme ça! Eh bien! j'aime Mademoiselle...

FANNY. Et moi, j'aime Monsieur...

OSCAR. Et je l'épouserai!

FANNY. Et je n'épouserai pas M. Colombier!

PUDDING. C'est ce que nous verrons!.. Te donner à un drôle qui n'a pas le sou !

FANNY. Vous voulez donc me faire mourir de chagrin !

PUDDING. Mais, malheureuse, quand même je serais assez lâche pour céder, ton oncle Robinson refuserait son consentement !

OSCAR. Ça m'est égal!.. j'aime Mademoiselle !

EVELINA, *entrant par la droite.* Hein!..

OSCAR. Et malgré vous tous, je saurai bien l'épouser!

1 C. P. O. F.
2 C. O. P. F.

SCÈNE XII.

LES MÊMES, EVELINA (1).

EVELINA, *entrée sur les derniers mots.* L'épouser !

PUDDING, FANNY, OSCAR. Evelina !

EVELINA. Comment, monstre ! ne suis-je pas devenue ta compagne?..

OSCAR. De cuisine, permettez, de cuisine !

TOUS. De cuisine !

EVELINA. Sans doute, puisque votre groom m'a achetée.

PUDDING. Comment?.. et il voulait épouser ma fille, quand déjà il est marié!..

OSCAR. Marié!

EVELINA. Le perfide (2)!

COLOMBIER. Le scélérat!

PUDDING. Le gueux! Je te donne deux minutes pour sortir d'ici!

OSCAR. Écoutez...,

PUDDING. Deux minutes!.. On donne huit jours à tes semblables ; mais, dès que tu n'es pas domestique, je puis te flanquer à la porte quand il me plaît.

OSCAR, *à part.* Maudite acquisition !

ENSEMBLE.

Air : *Jolie Fille de Gand.*

PUDDING ET COLOMBIER.

Ah ! je suis furieux !
Sors, fuis de ces lieux,
Ou crains ma colère !
A l'instant, téméraire,
Vide mon son parquet,
Fais ton paquet.

FANNY.

Le voilà furieux !
Ah ! quittons ces lieux,
Craignons sa colère !
Pour moi, douleur amère !
Celui que j'aimais
Fuit pour jamais.

OSCAR.

Les voilà furieux !
Mais, malgré leurs vœux,
Malgré leur colère,
Oscar n'a pas, j'espère,
Quitté pour jamais
Le sol anglais !

EVELINA.

Le voilà furieux !
Mais, ma foi, tant mieux !
J' ris de sa colere...
Quand j' n'ai que lui sur terre.
L'ingrat me laissait
Comme un paquet !

(*Pudding et Fanny sortent par la gauche, Evelina sort par le fond.*)

1 C. O. E. P. F.
2 C. O. P. E F.

SCÈNE XIII.

OSCAR, COLOMBIER.

OSCAR, *à part.* Marié !.... parce que j'ai acheté... Mœurs anglaises!.... J'ignorais complétement ce détail !.... Saperlotte ! mais il faut d'abord que je me défasse de mon acquisition..... Je vais la revendre, quand je devrais y mettre du mien !... Oui, mais... à qui ?... Voilà le hic !

COLOMBIER, *qui a suivi Evelina jusqu'au fond et l'a regardée s'éloigner* (1). Décidément, cette femme est magnifique ; et, si j'avais su plus tôt qu'elle fût à vendre... (*Apercevant Oscar.*) Eh ! mais, au fait, il y aurait peut-être moyen..... (*Haut.*) Dis-moi, mon neveu...

OSCAR. Mon oncle?

COLOMBIER. J'ai quelque chose à te proposer....

OSCAR. A moi, mon oncle?

COLOMBIER. A toi.... Tu as besoin d'argent, n'est-ce pas?

OSCAR. Parbleu ! Est-ce que vous auriez l'intention de...

COLOMBIER. Dis-moi, tiens-tu beaucoup à la femme que tu as achetée ce matin ?

OSCAR. A Evelina?.. Mais, au contraire, je cherchais un acquéreur.

COLOMBIER. L'acquéreur est trouvé.

OSCAR. Ah ! bah !

COLOMBIER. Oui, la majesté de son port m'a vivement impressionné.

OSCAR. Comment! c'est pour vous?... Mais, vous renoncez donc à Fanny ?

COLOMBIER. Non pas ; je les emmène toutes deux à Chandernagor... De l'une, je ferai ma femme... de l'autre, ma sultane-major !

OSCAR. Mœurs orientales! (*A part.*) Il est trèsrelâché, mon oncle.

COLOMBIER. Eh bien ?

OSCAR. Pardon, mon oncle... il faut opter.

COLOMBIER. Topter?

OSCAR. Il faut choisir. De deux choses l'une : ou vous épouserez Fanny ; et, alors, je garde Evelina... ou je vous cède Evelina ; mais alors, vous renoncez à Fanny.

COLOMBIER. Diable ! mais Pudding a ma promesse.

OSCAR. Mais vous savez bien que sa fille ne vous aime pas.

COLOMBIER. C'est vrai.

OSCAR. Et que c'est moi qu'elle aime.

COLOMBIER. C'est encore vrai.

OSCAR. Et qu'en l'épousant vous risquez d'être...

COLOMBIER. C'est parfaitement vrai.

OSCAR. Ainsi?..

COLOMBIER. Ma foi, toute réflexion faite, j'opte

pour Evelina. (*A part, en écrivant.*) Mademoiselle
Pudding est véritablement trop.....

OSCAR, *écrivant de son côté, à part.* Quelle
chance d'avoir un oncle qui aime les femmes étof-
fées !

COLOMBIER. Voici mon désistement.

OSCAR. Et voici mon acte de cession.

COLOMBIER. Très bien ! je vais à l'instant
prendre livraison. (*Il sort par le fond.*)

SCÈNE XIV.

OSCAR, *puis* ROBINSON.

OSCAR. Et d'une ! maintenant, il s'agirait d'a-
voir le consentement de l'oncle Robinson. C'est
que je ne l'ai jamais vu... Si je le connaissais, il
me serait bien plus facile de le reconnaître.

ROBINSON, *entrant d'un air affairé une lettre à
la main; allant et venant.* Mon frère? où est
mon frère? Je demande mon frère!..

OSCAR, *à part, le suivant.* Son frère! Est-ce
que par hasard...

ROBINSON, *marchant sans le voir.* Je demande
mon frère le constable pour le prier de mettre
tous ses policemen à la recherche de ma compagne.

OSCAR, *le suivant.* Pardon ! Serait-ce à M. Robinson que j'ai l'avantage (1)...

ROBINSON, *à lui-même, regardant Oscar.* Eh !
mais...

OSCAR. Mon hôtelier manqué de tantôt !

ROBINSON. Mon quasi-locataire !

OSCAR. Attendez donc !

ROBINSON. Permettez !..

OSCAR. Le mari à qui j'ai acheté...

ROBINSON. Le jeune homme à qui j'ai vendu...

OSCAR. Monsieur, je vous cherchais pour
vous dire...

ROBINSON. Monsieur, je vous cherchais pour
vous dire.

OSCAR. Monsieur, j'aime votre nièce...

ROBINSON. Que je veux ravoir ma femme...

OSCAR. Et vous demander de consentir...

ROBINSON. Et vous prier de renoncer...

OSCAR. A notre mariage...

ROBINSON. A notre marché ..

OSCAR. Plaît-il ?

ROBINSON. Vous dites ?

OSCAR. Je dis que je veux votre nièce !

ROBINSON. Et moi je veux ma femme ! (*A part.*)
Cette lettre que je reçois de l'aldermann d'Oxford,
et qui m'apprend que la tante Sandwich, dont
Evelina est l'unique héritière...

OSCAR. Ah çà ! mais, votre femme ! vous me
l'avez vendue ce matin !

1 R. O.

ROBINSON. Ce matin... ce matin... j'ignorais..

OSCAR. Quoi donc?

ROBINSON. Rien. (*A part.*) Imprudent ! qu'allais-
je dire !.. (*Haut.*) Monsieur, l'homme est ver-
satile, que voulez-vous? Depuis qu'elle n'est plus
à moi, je m'y suis attaché Elle me manque, mon
bon monsieur, elle me manque.

OSCAR. Et si je vous la rends, vous consentirez
à mon mariage avec votre nièce?

ROBINSON. Avec ma nièce !... J'en jure par
saint Nicolas !

OSCAR. Patron de la Russie ?

ROBINSON. Non ! par saint Georges, patron de...
Enfin, j'en jure !..

OSCAR. C'est bien. Dans un quart d'heure vous
aurez de mes nouvelles.

ROBINSON. J'entre chez mon frère (1). Vous
savez, Evelina; et je consens... Pas d'Evelina ;
pas de consentement! J'ai dit. (*Il entre à droite,
premier plan.*)

SCÈNE XV.

OSCAR, *puis* COLOMBIER ET EVELINA.

OSCAR, *seul.* Diable ! comment faire?

Air des *Anguilles.*

La racheter, n'est pas facile ;
Vraiment, c'est à faire pitié !
Comprend-on pareil imbécile,
Qui va regretter sa moitié !
Sur terre, il faut le reconnaître,
Bien peu de maris en sont là !
Que dis-je ? Il n'en est qu'un peut-être,
Et je tombe sur celui-là !
Au monde, il n'en est qu'un peut-être,
Et je tombe sur celui-là !

EVELINA, *en dehors.* C'est une horreur ! une in-
dignité !

OSCAR, *regardant.* Evelina... avec mon oncle...
il faut à tout prix...

COLOMBIER, *entrant avec Evelina* (2). Mais
venez donc, charmante Evelina !.. Puisque je
vous dis que j'ai un écrit !

EVELINA. Je me moque bien de votre écrit ! Me
vendre ! me revendre ! Me prend-on pour une
botte d'asperges?

OSCAR, *à part.* Pas aux petits pois, du moins !
(*Bas, à Evelina.*) Calmez-vous, je vais arranger
l'affaire (3). (*Au public.*) Je vais arranger l'affaire.

COLOMBIER, *à Oscar.* Dis donc, mais elle est
peu caressante.

OSCAR. Je ne vous ai jamais dit qu'elle le fût.
Maintenant que le marché est fait, je puis même
vous avouer qu'elle a bien des petits défauts.

COLOMBIER. Des défauts?

1 O. R.
2 O. C. E.
3 C. O. E.

EVELINA. Moi?

OSCAR, *bas*. Taisez-vous ! j'arrange l'affaire...
(*A Colombier*.) Parbleu ! sans ça, est-ce que je
vous l'eusse cédée ?.. D'abord, elle boit et fume,
comme un marin.

EVELINA. Je bois !..

OSCAR. De plus, c'est une femme très-vindica-
tive... Elle a voulu empoisonner son premier
mari !.. C'est pour ça qu'il l'a vendue !

EVELINA, *allant à Colombier*. Par exemple !..
mais...

OSCAR, *bas, lui faisant reprendre sa place*.
Taisez-vous donc !

COLOMBIER. Empoisonner son mari ! diable ! ça
me donne à réfléchir... et si ce n'était la majesté de...

OSCAR, *riant*. Sa majesté !.. ah ! ah !.. vous donnez là dedans, vous ? Ah ! ah ! ah ! on voit bien
que vous arrivez de Chandernagor !

COLOMBIER. Comment ! (*Oscar parle bas à Colombier*.) Ah ! bah !.. Produit de l'exposition ?

OSCAR. C'est comme j'ai l'honneur de vous
le dire.

COLOMBIER. Mais non... je ne puis croire encore.
(*Il s'approche d'Evelina* (1).

EVELINA, *reculant*. Monsieur !..

COLOMBIER, *à part*. C'était vrai... ou plutôt ce
n'était pas... (*Haut*.) Ah ! mais alors, il y a des
vices rédhibitoires... le marché est nul !.. et je
déchire l'acte.

OSCAR, *à part*. Parfait !

COLOMBIER. Maintenant, rends-moi mon désistement.

OSCAR. Ah ! non ; moi, pas déchirer ! moi,
conserver !

COLOMBIER, *à part*. Au fait, j'aime autant ça !..
Elle était trop... ou plutôt pas assez... je vais en
chercher une qui soit plus... (*Tendant la main à
Oscar*.)

OSCAR, *appelant à droite*. Victoire ! monsieur
Pudding ! monsieur Robinson ! miss Fanny ! venez ! venez tous !

ENSEMBLE.

Air :

COLOMBIER.

Allons, c'est entendu,
C'est dit, c'est convenu :
Je consens de grand cœur,
Et je renonce à mon bonheur.

OSCAR.

Allons, c'est entendu,
C'est dit, c'est convenu ;
C'est un bien noble cœur
Puisqu'il consent à mon bonheur.

1 O. C. E.

EVELINA.

Allons, c'est entendu,
C'est dit, c'est convenu ;
Mais, j' crois, pour son honneur
Que son départ est un bonheur !

ROBINSON, PUDDING ET FANNY.

Grand Dieu ! qu'ai-je entendu ?
Qu'est-il donc advenu ?
Je croyais, sur l'honneur,
Qu'ici, l'on criait au voleur !

(*Colombier sort au fond*.)

SCÈNE XVI.

OSCAR, EVELINA, ROBINSON, PUDDING,
FANNY (1).

PUDDING. Qu'est-ce donc ?

FANNY. Qu'y a-t-il ?

ROBINSON. Evelina ! mon Eve...

OSCAR. Minute ! procédons par ordre. (*A Pudding*.) Voici la renonciation de mon oncle le nabab à la main de votre fille.

PUDDING. Il se pourrait !

OSCAR. Il se peut. (*A Robinson*.) Voici votre ex-
moitié, mais vous savez à quelle condition ?..

ROBINSON. Oui, mon consentement à votre mariage, je vous l'octroie !

PUDDING. Mais moi, je refuse le mien.

OSCAR. Hein ?.. alors j'emmène Madame en
France.

ROBINSON. Ma femme ! emmener ma femme ! je
m'y oppose (2) !

OSCAR. Alors, j'épouse Mademoiselle.

PUDDING. Ma fille ! épouser ma fille !

ROBINSON. Mais, goddam ! c'est moi qui la dote,
ta fille.

PUDDING. Mais goddam ! c'est de moi d'abord
qu'elle dépend. Et j'entends que mon gendre
m'apporte une dot égale à la sienne, trente
mille francs.

OSCAR. Mais je n'ai pas trente mille francs.

PUDDING. Alors je garde ma fille.

OSCAR. Alors j'emmène Madame ; que diable !..
elle est à moi !

ROBINSON. A vous... à vous... (*Subitement*.) Eh !
bien, je la rachète.

OSCAR, *s'arrêtant*. Ah ! c'est différent. Combien (3) ?

ROBINSON. Combien en voulez-vous ?

OSCAR. Oh ! mon Dieu, vous sentez bien que je
ne voudrais pas gagner sur vous ; mais vous com-
prenez que, dans l'état des choses...

ROBINSON. Je comprends. Vous me l'avez achetée
vingt-deux shillings...

1 E. O. R. F. P.
2 R. E. O. P. F.
3 E. O. R. F. P.

OSCAR. Vingt-deux shillings, combien ça fait-il, argent de France?

ROBINSON. Ça fait vingt-sept francs cinquante.

OSCAR. Vingt-sept francs cinquante...

ROBINSON. Eh bien, en vous en donnant...

OSCAR. Trente mille francs; l'affaire peut s'arranger.

TOUS. Trente mille francs!

OSCAR, *saluant Evelina avec courtoisie.*) Et ce n'est pas cher.

ROBINSON. Pas cher!.. pas cher !..

EVELINA. Comment, monstre, vous marchandez ?...

ROBINSON. Pardon, je demande une seconde pour réfléchir. (*A part.*) Trente mille francs à Fanny ; trente mille francs à ce French Dog..... total : soixante mille francs. — La succession de la tante Sandwich est de quelque chose comme cent mille francs; de cent mille francs, ôtez soixante mille francs, reste quarante mille francs de bénéfice... Mon cœur ne doit pas hésiter.

OSCAR. Eh! bien ?

ROBINSON, *tirant un portefeuille de sa poche.* Voici les bank-notes !

OSCAR. Et voici madame Robinson !

EVELINA. Moi retourner avec (1)...

ROBINSON. Evelina, j'ai eu des torts... mais je te les pardonne.

EVELINA, *lui donnant sa main.* C'est bien pour faire le bonheur de ces deux enfants, allez !

ROBINSON, *l'embrasse.* Chère ange!.. (*Changeant de ton.*) A propos, j'ai une nouvelle bien douloureuse à t'annoncer ; ta tante, ta pauvre tante Sandwich...

EVELINA. Elle n'est plus !.. (*Riant.*) Elle a tout laissé à son cuisinier !

1 E. R. O. F. P.

ROBINSON. Hein ! et je viens de la racheter trente mille francs...

EVELINA. Ah ! brigand!. je comprends pourquoi vous teniez tant à me ravoir !... c'est bien fait !.. (*On rit.*)

ROBINSON. Et tout cela, grâce à ce... (*Il désigne Oscar.*) Mais pourquoi diable êtes-vous venu à Londres ?

OSCAR, *avec bonhomie.* Moi ?... j'étais venu pour voir *English exhibition*... Vous savez... on part pour voir l'exposition et... (*Il passe le bras de Fanny sous le sien.*)

CHŒUR.

Air du *Moulin.*

Doux destin !
A la fin
Je conclus $\genfrac{}{}{0pt}{}{\text{mon}}{\text{son}}$ mariage ;
$\genfrac{}{}{0pt}{}{\text{Mon}}{\text{Son}}$ voyage,
D'agrément
Se termine heureusement.

OSCAR, *au public.*

Air : *A genoux devant le soleil.*

Messieurs, pour admettre la pièce,
Il faut tout d'abord présager
Qu'à Londre il faut se mettre en pièce,
Pour manger,
Et pour se loger.
Mais, l'on sait par expérience
Que les étrangers bien appris
N' vont à Londr' que pour v'nir en France,
Et ne séjournent qu'à Paris !
On ne s'amuse qu'à Paris !

CHŒUR, REPRISE.

Doux destin ! etc.

FIN.

EN VENTE CHEZ LE MÊME ÉDITEUR :

SUITE DU CATALOGUE.

LAGNY. — Imprimerie de VIALAT et Cie